LIDERAZGO

Habilidades supremas para ser un líder eficaz para influenciar y tomar buenas decisiones

(Mejora tus habilidades de comunicación e influye como un líder poderoso)

Lalo Curiel

Publicado Por Daniel Heath

© **Lalo Curiel**

Todos los derechos reservados

Liderazgo: Habilidades supremas para ser un líder eficaz para influenciar y tomar buenas decisiones (Mejora tus habilidades de comunicación e influye como un líder poderoso)

ISBN 978-1-989853-54-2

Este documento está orientado a proporcionar información exacta y confiable con respecto al tema y asunto que trata. La publicación se vende con la idea de que el editor no esté obligado a prestar contabilidad, permitida oficialmente, u otros servicios cualificados. Si se necesita asesoramiento, legal o profesional, debería solicitar a una persona con experiencia en la profesión.

Desde una Declaración de Principios aceptada y aprobada tanto por un comité de la American Bar Association (el Colegio de Abogados de Estados Unidos) como por un comité de editores y asociaciones.

No se permite la reproducción, duplicado o transmisión de cualquier parte de este documento en cualquier medio electrónico o formato impreso. Se prohíbe de forma estricta la grabación de esta publicación así como tampoco se permite cualquier almacenamiento de este documento sin permiso escrito del editor. Todos los derechos reservados.

Se establece que la información que contiene este documento es veraz y coherente, ya que cualquier responsabilidad, en términos de falta de atención o de otro tipo, por el uso o abuso de cualquier política, proceso o dirección contenida en este documento será responsabilidad exclusiva y absoluta del lector receptor. Bajo ninguna circunstancia se hará responsable o culpable de forma legal al editor por cualquier reparación, daños o pérdida monetaria debido a la información aquí contenida, ya sea de forma directa o indirectamente.

Los respectivos autores son propietarios de todos los derechos de autor que no están en posesión del editor.

La información aquí contenida se ofrece únicamente con fines informativos y, como tal, es universal. La presentación de la información se realiza sin contrato ni ningún tipo de garantía.

Las marcas registradas utilizadas son sin ningún tipo de consentimiento y la publicación de la marca registrada es sin el permiso o respaldo del propietario de esta. Todas las marcas registradas y demás marcas incluidas en este libro son solo para fines de aclaración y son propiedad de los mismos propietarios, no están afiliadas a este documento.

TABLA DE CONTENIDO

Parte 1 1

Introducción 2

Capítulo 1: Ejemplos De Personas Ordinarias Que Se Volvieron Líderes Superhumanos. 4

Capítulo 2: Cómo Ser Más Seguro Y Carismático - El Arma Secreta De Los Grandes Líderes 9

Capítulo 3: Estrategias Para Construir Vínculos Poderosos Para Que La Gente Te Siga. 13

Capítulo 4: Tips Para Aumentar La Moral En Tu Lugar De Trabajo U Organización En Minutos Y Potencializar El Esfuerzo De Tu Equipo De Trabajo. 15

Capítulo 5: Técnicas Para Desarrollar Habilidades Comunicativas De Gran Nivel Al Hablar Frente A Un Grupo De Personas 20

Capítulo 6: Entendiendo El Papel Que Juega El Lenguaje Corporal Y Cómo La Gente Te Percibe De Acuerdo A Tu Comunicación No Verbal. 24

Capítulo 7: Liderando Con El Ejemplo Mostrando Tu Compromiso Con La Gestión Del Tiempo Y La Excelencia .. 28

Capítulo 8: Principios De Gestión Para Cuando Tratamos Con Personas Difíciles 32

Capítulo 9: Utiliza Tu Creatividad Para Mantener Frescas Tus Habilidades De Liderazgo Y No Perder La Atención De Tus Seguidores 38

Capítulo 10: 10 Reglas Para Aumentar Tu Presencia De Liderazgo Y La Confianza Que Otros Tienen En Ti. 42

Conclusión 49

Parte 2 51

Introducción 52

De Qué Se Trata El Liderazgo Exitoso 58

Preparación Personal Para El Liderazgo 66

PARA QUE UN LÍDER SEA EXITOSO, ALGUNAS COSAS QUE SE ESPERAN DE SU PARTE SON LAS SIGUIENTES: 71

Cómo Tomar Decisiones 76

COMPONENTES DE LA TOMA DE DECISIONES 78
PASOS DE LA TOMA DE DECISIONES PARA UN LIDERAZGO EXITOSO .. 79
POR QUÉ LA TOMA DE DECISIONES ES IMPORTANTE PARA EL LIDERAZGO EXITOSO. 84

Cómo Pensar De Manera Positiva 86

CÓMO TRANSFORMAR UNA MENTALIDAD NEGATIVA A UNA POSITIVA 87
CONSEJOS PARA MANTENER UNA MENTALIDAD POSITIVA 89
QUÉ HACER PARA EVITAR PENSAMIENTOS NEGATIVOS 92

Cómo Influenciar A Otros 94

MANERAS EFECTIVAS EN LAS QUE LOS LÍDERES PUEDEN INFLUENCIAR A OTROS. 98

Cómo Aportar Valor A La Vida De Otros 103

MANERAS DE APORTAR VALOR A LOS DEMÁS 108
RESULTADOS DE APORTAR VALOR A LOS DEMÁS 112

Liderazgo Y Gestión Del Tiempo 114

REGLAS PARA AYUDARTE A GESTIONAR EL TIEMPO DE MANERA EFECTIVA. 119

!!!Bonificación!!! 124

Curso De Ritual Matutino De 7 Días 124

Los Rituales Son Los Siguientes 126

LEVÁNTATE TEMPRANO 126
EJERCÍTATE 127

Planifica Tu Día 128
Mantén Un Diario.. 129
Medita Para Aclarar Tu Mente 130
Aprecia A Tus Seres Queridos 131
Nunca Te Saltes El Desayuno 131

Conclusion 133

Parte 1

Introducción

Quiero agradecerte y al mismo tiempo felicitarte por adquirir este libro.

¡Una guía de liderazgo superhumano!

Este libro incluye pasos y estrategias sencillas para que puedas mejorar de manera rápida, eficiente y dramática tus habilidades de liderazgo y capacidad para que más gente te siga. Si estás cansado de no recibir el respeto que sientes que mereces, o simplemente quieres convertirte en un líder de clase mundial y visionario, entonces este libro es para ti.

Hay muchas cosas que un buen líder debe de ser. Además de destacar en su campo, también debe de tener excelentes habilidades interpersonales y un alto coeficiente emocional para poder lidiar con personas con personalidades distintas. Ser persuasivo, seguro y flexible, son algunas de las características que describen a un gran líder.

Este libro te brindará las técnicas y planes de acción necesarios para volverte un líder superhumano. Espero te tomes el tiempo para leer los capítulos e integres las lecciones en tus quehaceres cotidianos.

Te agradezco una vez más por adquirir el libro, espero que lo disfrutes.

Capítulo 1: Ejemplos de personas ordinarias que se volvieron líderes superhumanos.

¿Has oído esa frase popular de "Todos necesitamos un héroe? Pues es cierto. Las personas necesitan a alguien a quien admirar y que les sirva de inspiración. Para muchos de nosotros, este héroe puede ser algún líder apreciado y reconocido.

Pero inclusive los grandes líderes no necesariamente comenzaron siendo tan extraordinarios desde el principio. De hecho, los más inspiradores líderes superhumanos son aquellos que consiguieron superar las dificultades y obstáculos que se encontraron en el camino a conseguir su meta para convertirse en líderes. "De cero a héroe" es probablemente una forma correcta de describir sus caminos.

Aquí encontrarás algunos ejemplos de

personas ordinarias que se elevaron desde una oscuridad relativa para convertirse en algunos de los líderes más ejemplares de la actualidad.

- Steve Jobs

Cuando nos referimos a figuras icónicas, Steve Jobs es definitivamente uno de los líderes más influyentes en el sector de tecnología de la información. Es mejor conocido por catapultar Apple a nivel mundial gracias a los Ipods, iPads y Iphones. Jobs fue apreciado por su diseño limpio y su marketing visionario.

Pero su riqueza y prominencia posterior fueron resultado de la suma de dificultades que tuvo que vivir de niño. Empezando por el hecho de haber sido puesto en adopción por sus padres biológicos, creció con pocos recursos. De hecho tuvo que dejar la universidad porque sus padres adoptivos no pudieron seguir pagando sus estudios. Estos desafíos solamente sirvieron para que Jobs tuviera una mayor motivación para sobresalir en su campo.

- Steven Spielberg

Cuando hablamos sobre películas taquilleras, uno de los nombres más reconocidos que se nos pueden venir a la cabeza es el de Steven Spielberg. El director de clásicos como "ET" y "Jurassic Park", entre muchos otros. Spielberg es el ejemplo perfecto de creatividad y trabajo duro necesarios para la realización de películas.

Pero Spielberg es una anomalía en el mundo del cine. Antes de convertirse en un galardonado líder en la industria del cine de Hollywood, era un adolescente soñador cuyo anhelo de convertirse en un cineasta se vio frustrado cuando la universidad de sus sueños lo rechazó. Pero lejos de estar angustiado, Spielberg terminó consiguiendo su propio final feliz.

- Angela Merkel

Actualmente, la canciller de Alemania, Angela Merkel, ha sido nombrada muchas veces como la mujer más poderosa del mundo. Es la primera mujer en ocupar un puesto tan sensible, que la ha visto supervisando la mayor economía de Europa en medio de un mar de crisis económicas y políticas. Pero, ¿sabías que Merkel comenzó como investigadora en un laboratorio?

- Mark Zuckerberg

Mark Zuckerberg es un ejemplo de alguien que abandonó la universidad de Harvard, y utilizó sus habilidades de programación para crear lo que ahora es la red social más grande y exitosa del mundo. Un completo desconocido en su juventud, y ahora se encuentra en la cima de una empresa multimillonaria que lo ha vuelto un líder mundial de las comunicaciones desde muy jóven.

¿Quieres convertirte en un líder sobrehumano? En primer lugar, necesitas desarrollar tu carisma. El siguiente capítulo te proporcionará detalles sobre cómo puedes volverte más carismático.

Capítulo 2: Cómo ser más seguro y carismático - El arma secreta de los grandes líderes.

El carisma es un rasgo que puede ser muy difícil de señalar en términos concretos, pero que es muy claro cuando alguien lo posee. La mayoría de las personas pueden identificar si una persona es carismática o no con tan solo mirarla. Muchas personas prominentes lo tienen. De hecho, es discutible si su carisma jugó o no un papel clave para llevarlos a donde están ahora.

Para los líderes, tener carisma puede ser un rasgo invaluable. En pocas palabras, el carisma se refiere a la capacidad natural de atraer a la gente. Es similar a tener una personalidad cautivadora o magnética. Cuando se usa correctamente, ser carismático puede dar lugar a grandes oportunidades.

Es distinta a la seguridad en uno mismo,

aunque tener seguridad juega un papel clave en tener carisma. Entonces la pregunta es: ¿se puede desarrollar el carisma y, de ser así, cómo?

Aquí tenemos algunos consejos para ayudarte a ser un líder más carismático:

- Sé simpático

No seas un florero, responde a las personas y participa en las conversaciones. Sé interesante sin exagerar. Ser simpático significa que puedas comunicarte bien y que puedes adaptarte adecuadamente a la personalidad de las personas con las que te encuentres.

- Cuida tu lenguaje corporal

Es importante que proyectes un sentido de confianza sin llegar a ser intimidante; como si todos estuvieran por debajo de ti, lejos de esto último. Debe haber una señal clara de autoridad porque las personas se sienten naturalmente atraídas por las personas que muestran su capacidad en un mar de mediocridad.

- Mira a los ojos

Demuestra que eres sincero y que escuchas activamente manteniendo el contacto visual. Los ojos esquivos suelen asociarse con personas que mienten o en quienes no se puede confiar. Sin embargo, hay una línea delgada entre mantener contacto visual y ser incómodo al mirar por más tiempo de lo necesario, así que busca un equilibrio.

- Sé un buen oyente y haz que la persona que te está hablando se sienta especial.

A pesar de que las personas carismáticas a menudo tienen la atención de todos, también tienen la peculiar habilidad de hacer que los demás se sientan bien con ellos mismos. Es cierto que es una habilidad que requiere tiempo para dominarse, pero escuchar, empatizar y reconocer a los demás generalmente hace que la gente se sienta valorada.

- Utiliza humor

No tienes que ser demasiado serio todo el tiempo. Aprende a reírte con los demás. También puedes reirte de ti mismo, si es necesario. Diviértete y no te tomes todo demasiado en serio. La vida no es un examen, así que relájate y haz del mundo un lugar feliz para vivir.

Reconoce que desarrollar tu carisma llevará tiempo. No sucede de la noche a la mañana. Comienza por practicar tu confianza. Con la práctica continua, deberá venir naturalmente. No te esfuerces demasiado; si lo haces, solamente te hará parecer desesperado y necesitado, que es exactamente lo contrario de ser carismático.

Capítulo 3: Estrategias para construir vínculos poderosos para que la gente te siga.

Iniciar una conversación con alguien que no conoces puede ser una experiencia muy estresante. Muchas personas traen libros, usan audífonos o se distraen con otras cosas solo para evitar tener que hablar con otras personas.

Sin embargo, construir un vínculo con otros tiene sus propios beneficios. Cuando construyes una buena relación, puedes expandir tu círculo social, aprender cosas nuevas y posiblemente reforzar tu red de contactos. En otras palabras, realmente no tienes nada que perder si te tomas un tiempo y conoces a otras personas.

La parte más difícil de crear una buena relación es cómo iniciarla. El arte de hacer conversaciones depende de muchas cosas, como el lenguaje corporal de la otra parte, el lugar, el momento y la ocasión. Sin embargo, hay una serie de cosas que pueden considerarse universales al iniciar pláticas.

Puntos en común

Lo principal es encontrar temas en común. ¿De qué hablarás exactamente con alguien que acabas de conocer? Mucha gente sugiere hablar sobre el clima, que es un cliché, pero puede ser un punto de partida muy efectivo para hablar de otros temas.

Para hacerlo más fácil, aprende a ser observador. Mira el lugar a tu alrededor. Escucha la música o el sonido de fondo. Sé consciente de la comida que se sirve, o del tipo de personas que hay alrededor. Ayúdate de tu entorno inmediato.

Una vez que hayas roto la barrera inicial, solo aprende a disfrutar de la conversación y sigue su flujo. Desde un tema general, puedes llegar a otros más específicos. Mientras lo haces, sé respetuoso y analiza si ya estás sonando intrusivo. En conversaciones improvisadas, la clave es no forzar a la otra persona a proporcionarte la información que necesitas; dicha información debe ser dada voluntariamente sin que tú la pidas.

Muestra empatía

Otro elemento crucial es mostrar empatía. Escucha lo que la otra persona te dice y responde adecuadamente. Al mismo tiempo, fíjate en las cosas pequeñas, como la velocidad de la conversación, los gestos, la forma en que la otra persona habla y pronuncia las palabras, y utilízalas según corresponda. Usa el humor para aligerar cualquier tensión.

Cuando se hace correctamente, establecer un vínculo puede llevar a buenas amistades y posiblemente a algunos contactos con los que puedas hablar en el futuro.

Capítulo 4: Tips para aumentar la moral

en tu lugar de trabajo u organización en minutos y potencializar el esfuerzo de tu equipo de trabajo.

El lugar de trabajo puede ser muy estresante en ocasiones. Entre los plazos de entrega y otros proyectos, los miembros de tu personal pueden agotarse o, lo que es peor, perder la motivación para seguir adelante. Esto es perfectamente normal porque las personas solo pueden tolerar hasta cierto punto. Pero esto no significa que no puedas hacer nada para recuperar la moral de tu equipo de trabajo.

Aquí hay algunas sugerencias que puedes usar la próxima vez que tu lugar de trabajo necesite un poco de motivación:

- Reconoce los logros

La gente no trabaja simplemente por trabajar. Algunos lo hacen porque les apasiona lo que hacen, mientras que otros están interesados en aprender cosas nuevas para enriquecer sus conocimientos y habilidades. Por lo tanto, definitivamente ayudará el que se reconozcan sus logros en el trabajo. Esto no solo hará que tus empleados se sientan bien con ellos mismos, sino que también sirve como una validación de su arduo trabajo y su valor en la organización.

- Ofrece incentivos y beneficios

Si bien el reconocimiento verbal es útil, haz que sea más divertido proporcionando incentivos y beneficios adicionales en forma de recompensas en efectivo, vacaciones pagadas o certificados de regalo. Tener una prueba tangible de su arduo trabajo hace que los empleados estén más motivados y se sientan apreciados.

- Salgan juntos

De vez en cuando salgan juntos. Tomen algunas bebidas o tal vez canten en un karaoke. Hacer esto fortalecerá las amistades y les dará un respiro de sus tareas habituales en la oficina.

- Ofrece comida gratis en la oficina

Esto es particularmente útil cuando todos están profundamente enterrados en el trabajo por alguna fecha límite que se aproxima. Pero incluso cuando no hay ninguna entrega, tener comida en la oficina y que todos participen es una buena manera de fomentar la unión y aligerar el estado de ánimo.

- Fomenta el servicio a la comunidad fuera de la oficina

Nada hace que las personas se sientan mejor consigo mismas que la oportunidad de dedicar parte de su tiempo ayudando a los demás. Y cuando las personas se sienten bien con ellas mismas, son mejores en lo que hacen.

- Fomenta la comunicación.

Por otro lado, necesitas saber qué piensan

tus empleados. Puedes hacerlo teniendo un buzón de sugerencias o empleando un mecanismo de retroalimentación que les permita expresar sus opiniones u opiniones sobre cualquier cosa en el trabajo.

Esto también te dará la oportunidad de estar al tanto de los problemas relacionados con la oficina y participar si es necesario para resolver el problema. Al mismo tiempo, es una excelente manera de identificar los pasos que debe seguir para mejorar el lugar de trabajo y hacer que sea menos tóxico.

Capítulo 5: Técnicas para desarrollar habilidades comunicativas de gran nivel al hablar frente a un grupo de personas

Para lograr ser un líder efectivo debes de ser lo suficientemente persuasivo para convencer a tus seguidores para apoyar tu causa. Una forma de conseguir esto es siendo capaz de comunicarte bien; no solamente con una o dos personas, sino con grupos grandes, de ser necesario. Esto puede ser particularmente aterrador, De hecho, mucha gente suele tener miedo de hablar en público. Pero como un buen líder, es un miedo que tendrás que superar, o al menos, contrarrestarlo.

Una razón por la que mucha gente teme hablar frente a una audiencia es en realidad por el miedo inherente que precede al discurso. El miedo a quedar en ridículo, equivocarse en los términos, trabarse al hablar, o simplemente aburrir a su público son algunos motivos por los que la gente no desea subir a un escenario. Sin embargo hay algunos métodos que puedes seguir para convertirte en un gran comunicador de clase mundial.

Conoce tu audiencia

La primera regla es siempre conocer al público al que te vas a dirigir. Debes tener claro a qué tipo de audiencia le vas a hablar. Esto te facilitará a seleccionar la dirección de tu discurso. Una presentación en una conferencia llena de ejecutivos de alto mando obviamente requiere un acercamiento muy distinto a una reunión de empleados de oficina.

Del mismo modo, familiarízate con dónde hablarás. Esto es particularmente útil si es la primera vez que hablas en un lugar determinado. Si es posible, inspecciona el lugar antes de hablar. Sube por el escenario, ve al podio. Siéntete cómodo con el lugar. Esto ayudará a aliviar la tensión.

Cuando estés hablando en el escenario, recuerda que no estás hablando contigo mismo. Intenta conectarte con tu audiencia. Usa humor, anécdotas, trivialidades o cualquier otra cosa que haga resaltar tu punto de vista sin que seas demasiado técnico o académico.

Proyecta seguridad

Al mismo tiempo, cuida tu postura. Debes de tener una espalda recta y minimizar el movimiento de tus manos o cualquier otro gesto innecesario que solo sirva para distraer a tu audiencia. Los estudios demuestran que tener una postura adecuada aumenta tu confianza, por lo que trata de cuidarla.

Prepárate para lo peor y practica técnicas básicas de relajación. No dejes que tus miedos superen tu discurso. Practica la respiración profunda para disminuir tu frecuencia cardíaca y hacer que te sientas menos inquieto. Antes de subir al escenario, también puedes probar hacer yoga o meditación para despejar tu mente del estrés o de cualquier otro pensamiento no deseado.

Y por último, nada mejor que la práctica constante. Incluso los mejores oradores se toman su tiempo para perfeccionar su discurso, practicándolo hasta que tengan la confianza suficiente para ofrecerlo ante cientos o incluso miles de oyentes. Lo mismo aplica en tu caso. Cuanto más te tomes el tiempo para perfeccionar tus habilidades de comunicación, mejor te volverás.

Capítulo 6: Entendiendo el papel que juega el lenguaje corporal y cómo la gente te percibe de acuerdo a tu comunicación no verbal.

Se puede saber mucho de una persona a partir de cómo se mueve o cómo responde a las cosas, incluso si no está diciendo nada. A esto se le conoce como lenguaje no verbal. Es instintivo para los humanos ser particularmente sensibles a estas cosas. De hecho, estudios demuestran que las personas responden mejor a las acciones de otra persona en lugar de a sus palabras. Como líder, por lo tanto, es necesario que puedas proyectar lo que quieres expresar a través del uso de la comunicación no verbal.

Debido al enfoque bastante fuerte puesto en el habla o en la elección de palabras, la comunicación no verbal a menudo no se aborda con la frecuencia que debería. ¿El resultado? En general, existe una discrepancia entre lo que dices y lo que sugiere tu lenguaje corporal.

Si estás tratando de proyectar confianza y autoridad, incluso las cosas pequeñas cuentan. Comienza con un apretón de manos. Un agarre firme y sólido a menudo se asocia con alguien que es confiado y seguro, mientras que un agarre débil se toma como un signo de incertidumbre o inseguridad.

Inspirando confianza

Tu postura también es un indicador de cómo te sientes o de lo que estás haciendo en ese momento. Si estás encorvado, generalmente significa que estás cansado o aburrido. Por el contrario, tener una postura correcta no solo hace que te veas más confiado, sino que también te hace sentir más confiado. La postura adecuada está asociada con el poder y la autoridad, por lo que tener una espalda recta inspira confianza en otras personas.

Otra forma de inspirar confianza es sonriendo. Una simple sonrisa puede ser una puerta para muchas oportunidades. Sugiere que eres complaciente, estás dispuesto a escuchar y eres amable. Como tal, muchas personas preferirán hablar contigo que con alguien que no sonríe.

Y, por último, elimina las obstrucciones físicas entre las otras personas y tú. Cuando estableces un límite entre tú y los demás, en realidad estás diciendo que no eres acogedor. Por ejemplo, si cierras la puerta de tu oficina, es una clara indicación de que nadie debe entrar. En esencia, estás bloqueando a todos los demás.

Ésta es precisamente la razón por la que ahora muchos profesionistas optan por implementar una política de puertas abiertas para garantizar a sus empleados que pueden hablar con ellos en cualquier momento. Tener una política de puertas abiertas proporciona a todos la seguridad de que son importantes y de que tienen la oportunidad de ser escuchados en cualquier momento.

Capítulo 7: Liderando con el ejemplo mostrando tu compromiso con la gestión del tiempo y la excelencia

¿Qué tan importante es el tiempo para ti como líder? ¿Explotas bajo presión o trabajas mejor cuando se te da suficiente tiempo para prepararte? ¿Es tu respeto por el tiempo lo suficientemente notable como para que tus seguidores lo perciban?

Comienza con las cosas más básicas. Por ejemplo, si siempre te registras temprano en el trabajo, harás que los demás eviten llegar tarde. La mala apreciación del tiempo por parte de los líderes inevitablemente hace que otras personas sigan su ejemplo. Después de todo, si un líder lo hace, entonces todos también lo harán.

Pero más allá de llegar a tiempo al trabajo, lo cual, cuando lo piensa, es en realidad una obligación profesional, es crucial que el líder presente el tiempo como un elemento valioso para alcanzar los objetivos de la organización. Como líder, debes ser muy consciente de cuán vital es el tiempo en el esquema general de las cosas, y cómo es igualmente vital para todos los demás cooperar para lograr el éxito.

- Crea metas

Incluso antes de ponerte a trabajar, es vital que crees una lista de objetivos a corto y largo plazo. Estos objetivos te guiarán a fijar una línea de tiempo que sea razonable y realista. Al establecer tus metas, trata de ser lo más específico posible. Por ejemplo, si tu objetivo final es lanzar exitosamente un nuevo producto, entonces es mucho más sensato dividirlo en un conjunto de objetivos a corto plazo, como hacer una investigación de mercado, crear un diseño preliminar, crear una garantía de marketing, y firmar acuerdos con minoristas.

- Establece fechas límites razonables y realistas

Ahora que ya estableciste tus objetivos, es hora de fijar las fechas límite. Sin plazos, básicamente estarás operando sin resultados en un futuro cercano. Los plazos, aunque son restrictivos, pueden usarse como una forma de motivar a otros a trabajar. Pero asegúrate de que estos plazos sean razonables y realistas. Siguiendo el ejemplo anterior, ¿cuánto tiempo llevará lanzar un nuevo producto? ¿Cuánto tiempo se necesita para realizar una investigación de mercado? ¿Cuándo estará disponible el diseño preliminar? Estas cosas deben considerarse en relación con los recursos disponibles, la mano de obra y las habilidades de las personas que deben realizarlas.

- Mide los resultados

Una vez que han vencido los plazos, es necesario que los resultados se midan para evaluar si se han logrado los objetivos deseados. Tómate un tiempo para hablar con tu personal sobre la calidad del producto, qué se puede hacer para mejorarlo y cuál será el próximo curso lógico de acción.

Durante todo esto, es necesario que muestres disciplina, firmeza y flexibilidad, especialmente si está justificado. La disciplina es importante para asegurarte de que la organización y tú no pierdan de vista lo que se propusieron lograr en primer lugar. Necesitas firmeza para garantizar que todos se adhieran al calendario acordado. Y, por último, debes mostrar flexibilidad si la situación lo requiere. Las cosas no salen según lo planeado a veces, por lo tanto, si eres lo suficientemente precavido, debes tener listos los planes de respaldo en caso de que el original no salga bien.

Capítulo 8: Principios de gestión para cuando tratamos con personas difíciles

Como líder, te corresponde asegurarte de que el lugar de trabajo y las personas que lo conforman no solo sean productivas y eficientes, sino que también estén contentas con lo que están haciendo. Para muchos, esto es una tarea difícil, principalmente porque no existe un lugar de trabajo utópico.

Considera esto: no hay dos personas iguales. Cada trabajador tiene una personalidad distinta del resto. Y mientras que cualquier gerente idealmente preferiría una fuerza laboral unida, el hecho es que siempre habrá algunas personas que se destacarán por todas las razones equivocadas.

Las personas difíciles existen en todas partes. La naturaleza de su carácter hace que las personas que los rodean los rechacen por su actitud. Peor aún, su carácter puede afectar la forma en que otros trabajan e incluso puede ser un obstáculo para alcanzar los objetivos de la organización.

En tu caso, también estás en tu derecho de rechazar su actitud, pero esto no significa que no harás nada para remediar la situación. Como líder, debes aprender a lidiar con este tipo de personas y, con suerte, encontrar una solución real al problema en cuestión.

Entonces, ¿cómo debes de tratar exactamente con las personas difíciles? Aquí hay una serie de principios esenciales que debes de tener en cuenta:

- Vuélvete consciente de ti mismo

Si descubres que algunas personas con las que estás tratando directamente son difíciles, es mejor tomarse un momento para ser introspectivos antes de lanzar una ofensiva. Mírate bien y contesta las siguientes preguntas: ¿Es posible que tú seas el problema? ¿Estás haciendo algo que hace que otras personas a tu alrededor reaccionen de manera negativa? ¿Has tratado con situaciones como ésta antes? ¿Ves un patrón recurrente en la forma en que otras personas tratan contigo?

Si respondiste afirmativamente a cualquiera de las preguntas anteriores, ahora es el mejor momento para abordar tus problemas personales.

- Trata de frente la situación

Si te enfrentas a una situación donde está involucrada una persona difícil, aborda la situación de inmediato. Esto es particularmente importante cuando dicha persona difícil tiene un impacto evidente en las relaciones de la oficina o en el desempeño general de la organización.

Recuerda que decidir mirar hacia otro lado no resolverá el problema. De hecho, incluso puede agravarlo más. Cuando los empleados, por ejemplo, sienten que su líder no está haciendo lo suficiente para evitar la toxicidad provocada por un compañero de trabajo difícil, pueden desarrollar una sensación de resentimiento.

- Mantén la objetividad y un sentido de control

Al tratar con una persona difícil, es necesario que no permitas que tus emociones o prejuicios te superen. Es importante que mantengas un sentido de objetividad porque, de lo contrario, corres el riesgo de parecer que estás favoreciendo a una parte sobre la otra. Es un acto de equilibrio cuidadoso. Esto también se remonta al punto anterior en el que los problemas con personas difíciles deben ser eliminados mientras aún se puede, porque en el momento en que se transforman en algo más grande y destructivo, será particularmente difícil mantener tu control.

- La confrontación directa no es la mejor opción, pero a veces puede resultar útil

Una de las acciones que debes evitar es confrontar a las personas difíciles en público. Hacerlo solo sirve para validar su comportamiento. Además, te arriesgas a provocarlos para lanzar un ataque emocional o físico, que es lo último que querrías ver en una situación como ésta.

Dicho esto, hay circunstancias en las que una confrontación pública es una respuesta válida. Si la comunicación constante y la discusión a puerta cerrada con la persona difícil no resultan en nada positivo, entonces es hora de mostrar un claro despliegue de poder y autoridad para poner a dicha persona difícil en su lugar.

- Pondera tus opciones, pero siempre piensa en el bien común

En la medida de lo posible, sé honesto con todas las partes involucradas. Facilita un intercambio abierto de ideas sobre cómo resolver la situación. Usa el humor si está justificado. Pero asegúrate de que en todo lo que hagas, tu principal preocupación siempre sea el bien común.

Tu valía como gerente y como líder se mide no solo por el título o la posición que ocupas. Aún más importante, es tu capacidad para tratar con todo tipo de personas, incluidas las difíciles.

El siguiente capítulo explica en detalle cómo hacer valer tu autoridad a través de la creatividad e imaginación.

Capítulo 9: Utiliza tu creatividad para mantener frescas tus habilidades de liderazgo y no perder la atención de tus seguidores

Uno de los rasgos más subestimados que los líderes deben tener es la creatividad. Parte de la razón por la que no se le da el debido énfasis es el hecho de que es difícil de identificar en términos concretos, y aún más difícil de medir. Esto está en marcado contraste con otras competencias, como la habilidad financiera, que se puede medir fácilmente utilizando los datos cuantitativos disponibles.

Pero ahora más que nunca, la creatividad viene como un componente vital para ser un buen líder. Las condiciones prevalecientes del mercado pagan una prima sobre ideas novedosas y listas para usarse. Y en su mayor parte, si bien es mucho más fácil apegarse a las fórmulas comprobadas, ser lo suficientemente audaz como para confiar en ideas frescas proporciona una buena visión de un líder.

La creatividad y la innovación van de la mano. Un líder creativo no tiene miedo de probar nuevos modelos y enfoques para mejorar la manera de hacer las cosas. Ya sea que estés diseñando nuevos modelos de negocios, infundiendo nuevos conceptos para fortalecer tu posición en el mercado, o diseñando nuevas políticas para atraer o retener talentos sobresalientes, la creatividad juega un papel clave para ayudarte a alcanzar tus objetivos personales y organizacionales.

Que lo tradicional no te controle

Además de su apertura a cosas nuevas, los líderes creativos también se caracterizan por el hecho de que no están controlados por la tradición. Siempre están atentos a conceptos nuevos y sin probar, y saben perfectamente que, aunque arriesgados, los rendimientos potenciales pueden ser un gran punto de inflexión para todos los involucrados.

La creatividad puede venir en muchas formas. Por ejemplo, la mayoría de los líderes se conforman con seguir el modelo de gestión jerárquico, donde todo viene desde arriba y fluye hacia abajo a las personas de rango inferior.

Los líderes creativos ofrecen una nueva alternativa al tratar de obtener aportaciones de todos los rangos en lugar de monopolizar el intercambio de ideas. Hacer esto presenta una mayor oportunidad para que todos sean escuchados. Y dado que las ideas vienen más allá de las fuentes habituales, espera la avalancha de nuevas (y posiblemente mejores) ideas.

Continuando sobre el tema de las personas, parte de ser creativo como líder es tu capacidad para atraer al tipo correcto de personas para hacer el trabajo. No importa cuán visionario seas como líder, aún necesitas el apoyo de otros para que tus ideas cobren vida. En este sentido, busca trabajar con personas que tengan el potencial más evidente para garantizar buenos resultados.

La diversidad en la afluencia de pensamientos e ideas, así como la diversidad en el lugar de trabajo, proporcionan dinamismo dentro de la organización, dándole un estado constante de crecimiento. Este tipo de entorno le proporciona a todos una razón para estar entusiasmados con su trabajo, y tú tienes la oportunidad de ser un líder que las personas puedan admirar y sentirse verdaderamente orgullosos.

Capítulo 10: 10 Reglas para aumentar tu presencia de liderazgo y la confianza que otros tienen en ti.

Un concepto que se debate frecuentemente es que si los líderes nacen o se hacen. Es un hecho que todos tienen el potencial de convertirse en un buen líder. Sin embargo, solo unos pocos tienen lo que se necesita para ser un gran líder.

Reconoces a un gran líder gracias a su comportamiento, su facilidad de palabra, apelación y competencia para entregar lo que se espera de él o ella, a menudo va más allá de lo habitual para superar las expectativas. Estos rasgos hacen que los grandes líderes sean buenos modelos a seguir y, como tales, son admirados por muchas personas.

Hacer que tu presencia sea conocida y convencer a los demás para que tengan fe en ti puede ser algo natural para algunas personas. Para muchos otros, sin embargo, estos dos requieren práctica, así como un amplio sentido de sensibilidad y autoconciencia. En este sentido, aquí hay 10 reglas a seguir para aumentar tu presencia de liderazgo y la confianza que otros tienen en ti:

1. Sé atento a las necesidades de otros

Se supone que un líder no solo se preocupa de sus propias necesidades. Un rasgo esencial que todos los buenos líderes deben poseer es la capacidad de medir lo que necesitan sus seguidores. Porque abordando tales necesidades, nuestras habilidades de liderazgo se perfeccionan y mejoran.

2. Sé honesto

Manipular a tus seguidores fabricando mentiras o haciendo declaraciones deshonestas es probablemente lo peor que puedes hacer como líder. No importa qué tan dolorosa sea la verdad, es tu obligación como líder hacer que los demás sepan lo que está sucediendo.

3. Respeta a todo mundo

Esto debería ser un hecho, pero es algo que muchos de los llamados líderes no logran cumplir. El respeto viene en muchas formas, como la disposición a escuchar las opiniones de los demás, la apertura a nuevas ideas o apreciar el trabajo duro de otras personas. El respeto debe de ser otorgado a todos, independientemente de su edad, sexo, religión o rango.

4. Preocúpate por tu apariencia

Esto puede sonar superficial, pero la forma en la que te vistes y te arreglar es vital en la percepción que los demás tienen de ti. Como líder, se espera que te veas aseado y organizado. Puede que tengas las mejores habilidades del mundo, pero si te ves como alguien desaliñado, entonces perderás la confianza de los demás.

5. Adopta los más altos estándares

profesionales y morales

No es suficiente con que seas el mejor en tu campo; es igual de importante mostrar coherencia en todo lo que haces. De otro modo sería muy difícil, o incluso imposible, tener seguidores.

6. Sé consciente de tus gestos

Muchos líderes no pueden convencer a otras personas de su valor simplemente porque parecen débiles, vulnerables, demasiado informales o no lo suficientemente inteligentes. Mucho de esto se deben a sus gestos. Por ejemplo, encorvarse o agitar las manos demasiado difícilmente puede ser reconfortante. Se trata de cómo te proyectas ante tu público objetivo. Cuanto más confiado y seguro parezcas, más fácil será para las personas creer en lo que les estás diciendo.

7. Muestra autoridad en tu voz y en tu elección de palabras

Sonar inseguro es lo peor que puede hacer

un líder cuando le dice a los demás qué hacer. Un líder debe ser asertivo, pero no de manera ruda u ofensiva. Debe haber una clara señal de autoridad en su voz, su tono y su elección de palabras. Si encuentras que este es tu punto débil, tómate un tiempo para practicar hasta que domines esta habilidad. Después de todo, el liderazgo no se trata solo de las palabras que eliges pronunciar. Más que nada, se trata de cómo dices estas palabras y lo que haces después.

8. Sé justo con todos

Nada arruina a una organización más que la idea de que su líder se inclina injustamente a favor de un grupo sobre otro. Para tener éxito como líder, debes proyectar objetividad. Es completamente imposible deshacerse de sus propios prejuicios, pero el profesionalismo dicta que debemos mostrar imparcialidad y voluntad de escuchar en todo momento.

9. Sé visible

No te escondas ni trates de parecer invisible. Tampoco necesitas estar disponible las 24 horas del día y los 7 días de la semana, pero al menos debes de estar presente cuando más te necesiten. Un líder desaparecido es un líder ineficaz.

10. Y lo más importante: aprende a mostrar resultados

El aspecto más importante de ser un líder es entregar lo que se espera de ti, o incluso más. Ser un líder es tener un conjunto de objetivos en mente y lograrlos realmente. Es posible que estos logros no se consigan todos a la vez, o puede que pase mucho tiempo antes de que se logre algo que valga la pena, pero lo importante es seguir aprendiendo de los errores y continuar siendo lo suficientemente audaz como para aceptar nuevos desafíos en el camino.

Éstas son sólo algunas de las cosas que

puedes hacer para aumentar tu presencia de liderazgo y hacer que otros se sientan seguros de tu competencia. Como líder, es fundamental que puedas crear un equilibrio entre tus habilidades técnicas y tu capacidad para tratar con personas de diferentes personalidades y antecedentes.

Al final, se espera mucho de ti. Por lo tanto, es justo y correcto que te equipes con las herramientas y la mentalidad necesarias para asegurarte de que tu propia marca de liderazgo logre tus objetivos personales y organizacionales, y de inspirar a otros para que estén en su mejor momento.

Conclusión

¡Gracias de nuevo por comprar este libro sobre lo que se necesita para convertirse en un gran líder!

Estoy extremadamente emocionado por compartirte esta información, y estoy muy feliz de que ya has leído y ahora puedes implementar estas estrategias en tu vida.

Espero que este libro pueda ayudarte a comprender la dinámica del liderazgo efectivo y creativo, así como a descubrir formas de inspirar a otros y sacar lo mejor de ellos.

¡El siguiente paso es comenzar a usar esta información y, con suerte, vivir una vida de compromiso, comprensión y liderazgo inspirado!

¡No seas alguien que solo lee esta información y no la aplica, las estrategias en este libro solo te beneficiarán si las usas!

Si conoce a alguien más que pueda beneficiarse de esta información, invítalos a leer este libro.

¡Gracias y buena suerte!

Parte 2

INTRODUCCIÓN

"Si tus acciones inspiran a otros a soñar más, aprender más, hacer más o aspirar a ser más, eres un líder". Frecuentemente las personas suelen denominarse a sí mismas como líderes, basándose en diferentes razones u opiniones. Las personas se ven a sí mismas como líderes basándose en la posición que ocupan, mientras que otros se denominan a sí mismos de ésta manera por lo famosos o relevantes que son dentro de una sociedad, e inclusive en el hogar algunos automáticamente se autodenominan líderes basados en su género. Si consideramos la frase de John Quincy Adams puedo, en retrospectiva, decir que todos éstos criterios nombrados anteriormente son irrelevantes para conocer quién es un líder.

El liderazgo se trata de responsabilidad. El liderazgo también contiene una parte de carisma. El carisma puede ayudarte a convertirte en un mejor líder, pero no tenerlo no te convierte automáticamente en uno. Ser un líder significa ser tú mismo. Con el liderazgo viene el éxito, ambos van de la mano. El liderazgo es la habilidad de dirigir a las personas y que éstas mantengan la voluntad de ser guiados y de darlo todo sin contenerse. Muchas personas durante su crecimiento aspiran a ser líderes, pero sólo unas pocas logran conseguirlo. Tener éxito como líder significa haberse esforzado para ser apto, para que así los demás te sigan cuando lideres. Un líder tiene que ser más que sólo bueno, hace falta ser grande para ser un líder.

Ser un líder no se basa en un factor genético que puede ser heredado, así que nadie nace para ser un líder... A menos que se nazca como heredero al trono. Incluso aquellos que nacen como herederos al trono aun necesitan adquirir habilidades de liderazgo, para ser capaces de gestionar el reino. Sin habilidades, incluso un heredero al trono puede no ser apto para ostentarlo, si no se tiene la preparación. Como herederos, tienen la misión y la visión de convertirse en líderes, es por eso que comienzan su preparación inmediatamente después de nacer. El liderazgo carismático tampoco es innato, no importa si eres un heredero al trono o un pobre... Tiene que ser adquirido. Aunque hay muchas personas que parecen tener parecen estar naturalmente dotados de magistrales habilidades de liderazgo y de comunicación fluida, requiere de mucha preparación y experiencia el adquirir habilidades de liderazgo realmente efectivas. Todo el mundo puede aprender cómo convertirse en líder y cómo cultivar habilidades de liderazgo si se les brinda la orientación adecuada. De hecho, una pieza clave para el éxito como líder consiste en enfocarse en la mejora de habilidades de liderazgo específicas que convergen para formar cualidades de liderazgo vitales cuando se perfeccionan.

El liderazgo significa proveer el mejor resultado posible, lo cual es mucho más que "sólo" desempeñarse bien. Para lograr el mejor resultado posible un líder necesita estar más enfocado en los demás que en sí mismo/a. Ésta es la razón principal por la cual un líder es capaz de lograr que muchos hagan lo que de otra manera no serían capaces de hacer, y que lo hagan a gusto. Después de todo, en un mundo donde los mejores trabajadores son voluntarios... ¿Por qué deberían entregar sus energías creativas para ayudar al acelerar el avance a la gloria de un líder egocéntrico?

El liderazgo no se trata de lo que haces, sino de quién eres. Si tu punto de vista sobre el liderazgo es que sirve como una fuente de recursos y triquiñuelas manipulativas, o de un comportamiento carismático para alcanzar tus intereses propios, entonces la gente tiene todo el derecho a mantenerse cínica. Pero si tu visión del liderazgo fluye en principio desde tu propia personalidad y una ambición que mantiene la integridad, puedes entonces pedirle de manera justa que se queden en tus manos y te sigan sin problemas.

El liderazgo es la acción de liderar, inspirando, estimulando y motivando aun grupo de personas para alcanzar una meta u objetivo común. También es el proceso de influencia social, por medio del cual se inspirará y orientará a los seguidores de un líder a desempeñar tareas específicas. Para ser un líder exitoso, se necesita tener características de uno, tales como una supervisión excelente, fluidez en la comunicación y capacidad de escuchar a otros.

Eleanor Roosevelt dijo una vez que "Un buen líder inspira a las personas a tener la confianza en el líder, un gran líder inspira a las personas a confiar en sí mismas". Pero, convertirse en un gran líder no puede compararse con caminar en el parque. Gestionar de manera exitosa un equipo o grupo de personas a través de los altibajos de un reto, independientemente de la magnitud del mismo, es a lo que un gran líder debe aspirar.

DE QUÉ SE TRATA EL LIDERAZGO EXITOSO

El liderazgo exitoso es una plataforma que antepone las necesidades de otros a las propias. Cuando se habla de liderazgo, no existe tal cosa como un líder justo, necesitas ser un líder exitoso. Incluso más que querer conocer qué es lo que necesita un líder para ser exitoso, se necesita descubrir primero qué es lo que acarrea el serlo. El liderazgo exitoso se trata no sólo de presentarse, sino de hacerle frente a cualquier tarea que se tenga a mano. El liderazgo exitoso se trata de enfocarse en cómo nuestras elecciones, y todas nuestras decisiones influencian y tienen impacto sobre los demás, restando importancia en el resultado que tengan en nosotros mismos. Necesitamos esforzarnos en todos los aspectos, no sólo físicamente sino también emocional y socialmente. En esto yace el secreto por medio del cual los líderes exitosos son capaces de estimular, motivar e inspirar a otros a seguirles por su perspicacia, experiencia y creatividad. El liderazgo exitoso requiere que se esté intencionalmente consciente de cómo los demás responden ante cada uno de sus movimientos, pero al mismo tiempo siendo abierto para entender como los demás los perciben y saber discernir lo que es real de aquello que no lo es. Ahora, esto es un talento que muy pocas personas por pura suerte logran tener. Sin embargo, todo el mundo tiene la posibilidad de ser más atento a cómo nos comunicamos con quienes nos rodean.

Ser exitoso significa que debes ser un buen líder más que un buen gerente o un buen jefe. Un buen líder es un buen jefe o gerente, pero un buen gerente o jefe sin las habilidades de liderazgo adecuadas va a ser exitoso en encargar. Los líderes utilizan la motivación como su herramienta para hacer que otros hagan lo que necesita que sea hecho, pero los jefes o gerentes utilizan el miedo para hacer que la gente siga sus instrucciones.

El liderazgo exitoso se trata de inspirar al equipo a crecer, madurar, aprender y tener éxito, a diferencia de la gestión que se trata de controlar y ordenar a otros, así resulte o no conveniente.

El liderazgo exitoso se trata de reconocer

las fortalezas de cada uno de los miembros del equipo y las utilizará, al mismo tiempo que trabajará sobre ellas para mejorarlas. Se trata no sólo de estar a la defensiva y de tomar responsabilidades sino de ayudar a su equipo a ser más creativo y generar circunstancias más favorables en lugar de culpar a otros cuando las cosas no salen como deberían.

El liderazgo exitoso se trata de evitar los comportamientos nocivos. Los líderes que muestran este tipo de comportamientos suelen tener posibilidades significativamente más bajas de ser exitosos. Los comportamientos nocivos tienden a generar colapsos en la comunicación, la fe, la filosofía, las relaciones, el avance y la resolución de conflictos. Tales comportamientos causan que la gente se vuelva superficial, egoísta, egocéntrica, ciega ante la realidad, e incluso iracunda. Algunos ejemplos de este tipo de comportamientos incluyen:

Tomarse todo de manera personal.

Victimizarse.

Ausencia de empatía.

Ser reaccionario o mantener reactividad excesiva.

Los líderes que tienen éxito en la vida son aquellos a quienes nos damos cuenta, tratamos de emular. Tratando de hacer exactamente lo que han hecho, ir a donde han ido, vestirnos como ellos, adoptar comportamientos parecidos, incluso reaccionar o responder como ellos. Pero esto son prioridades fuera de lugar en lo que se refiere a convertirse en un líder. Si convertirse en un líder sólo se tratase de emular a un líder, supongo que todo lo que necesitaríamos sería clases de actuación para convertirnos en uno. La imitación no es una herramienta de liderazgo porque una sola manera de actuar o hacer las cosas no funciona en todos los escenarios. Cómo dirían algunas personas, "lo que funciona bien en el caso A, probablemente no sea tan efectivo en un caso B".

Estoy convencida de que probablemente se te ha cruzado por la mente una o dos veces por qué existen tantos libros sobre liderazgo, y de alguna manera u otra, la gente da testimonio de que han sido útiles para ellos. Esto es porque el enfoque que se le da al liderazgo exitoso varía de una persona a otra. Lo que funciona para el Sr. A, probablemente no funciones para el Sr. B.

Una de las características que noto que tienen en común los líderes exitosos es la manera de pensar. A diferencia de la persona promedio o normal que piensa sólo en escenarios de elección de "esto o aquello", escogiendo alguna de las dos; un líder exitoso puede gestionar la unión de dos ideas, uniéndolas en una o creando una mejor idea, ahí es donde se encuentra la diferencia y donde yace la grandeza. Este método de contemplación y amalgamado de ideas es lo que a mí me gusta denominar pensamiento incorporativo. Es esta mentalidad y no una teoría sobre decisiones la principal característica de un líder exitoso. Esta característica puede ser la más importante, pero por sí sola no hace a un líder exitoso, simplemente incrementa las probabilidades de serlo. La belleza de ésta característica es que se trata de una habilidad que puedes perfeccionar, puede ser desarrollarse e incorporarse a cualquiera. Ser un líder exitoso requiere que hagas lo necesario para alcanzar el éxito, tomar las riendas de las situaciones y tomar la decisión o las decisiones correctas.

El liderazgo exitoso se trata de tomar decisiones y sobretodo de tomar las correctas. No hay lugar para repeticiones. No puedes cometer errores cuando tomes una decisión. Siempre debe ser la decisión correcta. Más de aquellas cosas que es necesario hacer durante la toma de decisiones serán discutidas en otro capítulo.

PREPARACIÓN PERSONAL PARA EL LIDERAZGO

El liderazgo como cualidad necesita ser podado, cepillado, recortado y nutrido como una planta que florece y que más adelante dará fruto. El fruto que entrega la preparación como líder es el éxito. Lo que necesita hacerse para ser un gran líder está sujeto a cambios y por ésta razón puede no ser discutido en toda su extensión. Toma este ejemplo, de un libro sobre liderazgo se espera que trate incluso sobre minúsculos detalles básicos sobre etiqueta. Esto significa que de un líder se espera que tenga cultura en términos de etiqueta para que tenga un aura de seguridad en sí mismo, capacidad de mando y que sea respetable. Recuero que mientras estaba creciendo, un amigo mío llegó a mi casa llorando profusamente después de una entrevista, sólo para enterarme de que la razón por la cual lloraba fue porque no alcanzó a decir "GRACIAS" después de la entrevista. Iniciar una entrevista con un apretón de manos genera buena impresión, como lo hace también el finalizarla con uno.

Es evidente que no importa dónde se encuentre, un líder sobresale, la gente siempre espera ansiosa a oírles, hablarles y escuchar qué tienen que decir. Una cosa que he aprendido, como líder, es que de ti siempre se espera que digas algo, en todo momento y en todo lugar. Para que un líder se comunique de manera efectiva, captando audiencias formadas por personas jóvenes o por personas mayores con su discurso; debe aprender a saber escuchar de manera efectiva. Para hacerlo, debe tener la humildad para ver a otros como entidades racionales y tener claro que no puede tener siempre las respuestas para todo, además de no ver un fracaso como un mal comportamiento, sino verlo como la representación del cómo no hacer las cosas en una futura ocasión. De ésta manera el fracaso expone el dónde no debemos enfocarnos, y a donde debemos dirigir nuestra energía para lograr un resultado exitoso.

Un líder con humildad es un líder efectivo, lo que lo diferencia de un jefe. Esto hace que el líder tenga un buen vínculo con aquellos que le siguen y con ello gana su confianza, generando una relación fluida. Esto hace que ellos hagan su mejor esfuerzo y utilicen toda su creatividad para completar exitosamente el proyecto que se tenga a la mano. Todo esto converge para formar un líder exitoso. En algunas ocasiones uno puede preguntarse cómo se supone que esto ayude al progreso del equipo cuando el líder tiene poco tiempo en sus manos. Pero construir relaciones hace que ganes la confianza de los demás y reduce tu propia carga de trabajo. Esto es algo que diferencia a un líder de un jefe. Grandes líderes como la Madre Teresa, Martin Luther King, Nelson Mandela, Pierre Elliot, Trudeau y Winston Churchill han demostrado este mismo abordaje de crear relaciones como método para involucrar a aquellos bajo su cuidado, a pesar de los desencuentros, dificultades o apuros que pudieron haber enfrentado para traer al mundo su visión de vida.

De un líder se espera que conozca la importancia de un vínculo, lo que determinará el resultado final de su liderazgo. El quién es un líder sólo puede medirse basado en el vínculo que tiene con sus seguidores. Un líder no es nunca un líder sin sus seguidores. Esto muestra lo importante que son los seguidores para el mismísimo liderazgo. Un líder debe incluir a sus seguidores, no importa lo que esté ocurriendo, de ésta manera evita que se le rebelen.

Un líder debe ser capaz de mantener el vínculo que ha creado y entender además el significado de la compasión, poniéndose siempre en los zapatos de sus seguidores, entendiendo que ellos también tienen sueños y esperanzas. Un líder debe ser capaz de ejemplificar lo que espera de sus seguidores, como lo exhiben nuestros líderes actuales. Cuando un líder demuestra su comportamiento, muestra la clase de apoyo, estímulo y orientación que demostraría a aquellos que le siguen y qué tanto pueden llegar a lograr.

Para que un líder sea exitoso, algunas cosas que se esperan de su parte son las siguientes:

Se espera que base su valentía en su confianza en sí mismo. La valentía es necesaria para que otros te sigan con plena confianza. Cuando eres un líder valiente, esa valentía se contagiará a aquellos destinados a seguirte.

Se espera de un líder que sea capaz de desarrollar autocontrol. Los líderes exitosos necesitan ser capaces de controlarse para poder mantener el control sobre otros. En pocas palabras significa que antes de ser escuchado un líder debe haber sido visto, es decir, deben ejercer el control y mantener la calma en todo momento. Deben esforzarse siempre para dejar una buena imagen de sí mismos en todo momento. Nunca reaccionar de manera exagerada.

No se espera que un líder le tema a la crítica. Se enfrentan a situaciones y responden con la mejor decisión para resolverlas. Un líder no debe conformarse con ceder a tomar una decisión hasta que no hallen la respuesta "más pura" o la que genere consenso. Deben ver el miedo al peligro o la retroalimentación como entusiasmo para mantenerse fuertes.

Se espera que un líder trabaje de acuerdo a un plan o un acuerdo, Un líder que quiera tener éxito nunca trabaja desde el misterio, y un líder exitoso puede prevalecer incluso por encima de alguien que normalmente es más capaz. Se espera que un líder que trabaja de acuerdo a un plan sea más exitoso que un líder no lo hace.

De un líder se espera que su desempeño

esté por encima de las expectativas. Qué hagan más de lo que se espera de ellos, como también que esperen mejores resultados para derrotar cualquier forma de oposición que se les presente. Alcanzar la cima es sencillo, pero para permanecer en ella se espera de él/ella un desempeño extraordinario que debe mantenerse a toda costa.

Se espera de un líder que sea excepcionalmente agradable y amigable. Recuerdo que hace mucho tiempo una persona me dio dinero, cuando pregunté el porqué, me dijo que tenía una agradable personalidad y ella nunca me había visto triste antes; que estaba siempre sonriendo. Una personalidad pacífica y agradable siempre lleva a la gente a seguirte y hacer tu voluntad.

Se espera que un líder sea empático y

considerado con los demás. Los líderes exitosos comprenden las identidades y problemas de todos sus colegas y compañeros de equipo. La simpatía es posible en donde existe un ambiente con buena relación entre los líderes y sus compañeros de equipo.

Se espera que un líder asuma la total responsabilidad por su equipo. Debe estar siempre preparado para asumir la culpa por alguna deficiencia de parte de su equipo. Cuando las situaciones dan un giro inesperado en la dirección incorrecta, el líder siempre debe mantener su posición.

Se espera que un líder mantenga el espíritu cooperativo con cualquier decisión sobre la cual el grupo haya estado de acuerdo. Para liderar haciendo un llamado a otro a tener la iniciativa, así como también llamando a iniciativas grupales que fomenten la cooperación. Los líderes entienden el hecho de que no pueden lidiar independientemente con todo lo que se cruza en su camino.

Finalmente, lo que esto revela es que el secreto para el liderazgo exitoso es diverso. Es una red intrincada e infinita de comportamientos interconectados, de capacidades y acciones que necesitan emplear de manera consistente durante el transcurso de su liderazgo. Estos elementos no sólo le servirán para definir su liderazgo, sino que también ilustrarán la razón de ser del porqué hacemos lo que hacemos.

CÓMO TOMAR DECISIONES

De acuerdo a James Stoner, "la toma de decisiones es el proceso de identificación y selección de un curso de acción para poder resolver un problema específico". Y de acuerdo a Trewartha y Newport, "la toma de decisiones implica la selección de un curso de acción de entre dos o más posibles alternativas para poder llegar a una solución a un problema específico". Estas dos definiciones son correctas en un contexto general, pero en relación al liderazgo me gustaría fijar mi mente en la definición dada por James Stoner, porque el proceso de toma de decisiones por un líder exitoso no es una solución de "esto o lo otro", sino una decisión que lo cubre todo. El punto de la toma de decisiones por los líderes exitosos es tomar una decisión que produzca una solución exitosa.

Tomar decisiones es la base principal de lo que necesita hacerse en el liderazgo. La existencia del líder se centra en su habilidad de tomar decisiones porque es la pieza central de lo que un líder debe hacer toda su vida. La toma de decisiones, a diferencia de otras cosas que un líder debe hacer, es un proceso cognitivo que requiere una decisión final que todos los compañeros de equipo deben llevar a cabo. Un científico puede darte una justificación sobre por qué cada decisión que tomas debe ser lógica pero entonces dónde quedaría ese valor añadido que se espera que tenga el líder. Tú, a diferencia del resto, necesitas pensar fuera de la caja, más allá de lo ordinario, para poder tomar una decisión sin importar lo pequeña que sea. Del líder se espera que prevea los resultados que puede tener su decisión en el largo plazo y considerarlos apropiadamente sin lugar para errores.

Componentes de la toma de decisiones

La toma de decisiones en el liderazgo tiene tres componentes. Estos elementos son el factor determinante en cualquier decisión que tome el líder. Bien sea que tengan un resultado exitoso o que no sea así.

Sustitutos: Hay dos o más sustitutos en cada idea sobre la cual se esté decidiendo. La toma de decisiones para un líder significa que tiene opciones entre las cuales escoger.

Decisión: La toma de decisiones implica una decisión. Significa elegir la mejor solución posible para resolver un problema. Esto podría también implicar la combinación de dos o más ideas en una sola.

Objetivos o problema: Para conseguir un liderazgo efectivo el liderazgo debe tener una orientación imparcial, con la finalidad de conseguir un objetivo o resolver un problema.

Pasos de la toma de decisiones para un liderazgo exitoso

1. Identificar el problem: Para que un líder pueda siquiera intentar tomar una decisión, debe reconocer el hecho de que el problema está presente y requiere atención.

2. Analizar el problema: Después del paso anterior el problema necesita ser analizado para conocer su causa y el efecto que tendrá en el resto del equipo.

3. Desarrollando soluciones alternativas: Luego de identificar y analizar el problema real, se espera que el líder piense más allá

del espectro de soluciones obvias que puedan presentarse en el momento. También se espera que en momentos en donde se debe elegir una alternativa, el líder mencione diferentes opciones entre las cuales escoger. El líder no puede hacer esto solo de manera efectiva; aquí es donde las ideas de los miembros del equipo se unen y por qué tener una buena relación desde el inicio es bastante útil. Los miembros del equipo se sienten cómodos mencionando ideas útiles por la confianza que tienen en ti para idear una solución a partir de ellas.

4. Evaluar las opciones disponibles: Como líder, debes reunir todas las soluciones estratégicas posibles, valorando las ventajas que ofrezcan por encima de las desventajas. Considera el efecto tanto en el corto como en el largo plazo de ser

implementadas. Además de evaluar las ventajas sobre las desventadas, también se espera que tengan midan la posibilidad de que la solución tenga un efecto para abordar el problema. Y para observar además si las opciones son aceptables para el resto del equipo.

5. Escoger la mejor opción: Cuando es momento de tomar la decisión sobre cualquier materia, es un hecho indisputable que todo el mundo tiende a huir de la responsabilidad y mirar hacia el líder, que tendrá la última palabra, y lo hará en última instancia responsable por cualquier resultado que se termine experimentando. Después de evaluar las opciones disponibles, el líder es el responsable de elegir la idea que tenga menos desventajas y más ventajas, así como también de dar forma a una idea

exitosa. La idea elegida por el líder es de lo que trata la toma de decisiones. Para elegir la mejor opción el líder debe aceptar el pensamiento holístico más que el pensamiento segmentado para poder resolver de manera creativa cualquier posible tensión dentro de su equipo durante el proceso de toma de decisiones.

6. Poner la idea en práctica: Para un líder, el tomar la decisión final o elegir la solución a una situación no termina el proceso de toma de decisiones. En esta etapa, la utilidad del vínculo demuestra su importancia nuevamente. Después de tomar la decisión necesaria, la idea necesita ser puesta en práctica, lo que requiere que el líder no sólo provea los recursos necesarios sino además el apoyo necesario al equipo para poner la idea en práctica. La motivación impulsa a cualquier

individuo, y no importa qué tan pequeña sea la idea a implementar, los miembros del equipo necesitan ser alentados por el líder si se quiere lograr el objetivo.

7. Hacer seguimiento al desarrollo de la idea: Después de implementada la decisión, se espera del líder que mantenga el seguimiento continuo del progreso de la tarea incluso después de haberla delegado. Obtener la retroalimentación es una parte importante del proceso para poder mantener el proyecto, sea cual sea, a flote. Esto se hace con la finalidad de ver si existen diferencias entre la planificación de la idea y la implementación de la misma. Mantenerse a flote ayuda a mantener al día el progreso y contrastar el éxito que ha tenido su liderazgo. Muchos líderes piensan que ésta etapa es irrelevante y descartan este paso cuando

se centran en la puesta en práctica de la idea y no se dan cuenta de la interesante manera en la que un pequeño ajuste podría ser realizado para incrementar la productividad.

POR QUÉ LA TOMA DE DECISIONES ES IMPORTANTE PARA EL LIDERAZGO EXITOSO.

1. La toma de decisiones ayuda a reducir el despilfarro de recursos valiosos. En vez de intentar aplicar todas las ideas posibles hasta conseguir una que funcione, el líder tiene la última palabra sobre aquella en la que las opiniones del grupo hayan finalmente convergido.

2. El proceso de toma de decisiones prepara tanto al líder como a todo su equipo a estar mejor adaptado para enfrentar cualquier tipo de problema que pueda presentarse en el futuro cercano.

3. Un proceso de toma de decisiones apresurado ayuda al liderazgo a ser más exitoso, y también las decisiones erradas por parte del líder resultarán en lo opuesto. Lo que no es una cualidad del buen liderazgo.

4. El objetivo de todo liderazgo es tener éxito y la toma de decisiones ayuda con esto. Esto es porque las decisiones racionales son tomadas después de analizar y evaluar todas las posibles alternativas.

5. Las decisiones racionales ayudan a aumentar la eficiencia. La eficiencia representa el resultado de la idea.

6. la toma de decisiones facilita la innovación. Ayuda a cultivar nuevas ideas que resultan en la innovación, otorgándole una ventaja competitiva al equipo.

7. La toma de decisiones por parte del

líder muestra asertividad, que motivará al equipo. Esto genera más confianza dentro del grupo en su líder para que siempre hagan lo que se espera de ellos.

CÓMO PENSAR DE MANERA POSITIVA
El pensamiento optimista es una característica que todo líder debería tener. Está en la naturaleza humana el pensar y esperar lo peor por momentos, pero para lograr ser el líder exitoso que se aspira a ser; entonces el pensamiento optimista no es algo que deba ser una elección, sino un tipo de mentalidad que debe ser adoptado en orden de conseguir el éxito. Esta mentalidad puede desarrollarse como cualquier otra habilidad adquirida. Puedes aprender cómo ser un pensador optimista indiferentemente de tu opinión actual respecto a ello. Cuando piensas de manera positiva, observas lo mejor de las cosas, y

mantener tu mente en paz te da una mejor capacidad mental.

En la mayoría de los casos, la mejor manera de convertir al pensamiento positivo en parte de ti es intentar hacerlo de manera repetida. Repetir un proceso una y otra vez te lleva a dominarlo.

CÓMO TRANSFORMAR UNA MENTALIDAD NEGATIVA A UNA POSITIVA

Es un asunto de elección.

Necesitas primero creer en ti mismo

Después necesitas fijar metas claras y alcanzables.

Visualiza tu éxito en tu mente y deja que estimule tu mente interior.

Domina tu vida y sé responsable de tu equipo.

Date a ti mismo palabras tranquilizantes de aliento y alivio.

Usa palabras positivas para contrarrestar

las negativas.

Relaciónate con personas que tengan una mentalidad positiva similar a la tuya y cerciórate de que tu equipo también tenga el mismo hábito. En última instancia, tienen un gran impacto sobre tu propia mentalidad.

Encuentra el lado positivo en cualquier situación. Ten presente que aquellos que tienen éxito en la vida son los mismos que utilizan sus fracasos como trampolines que les impulsan hacia nuevos éxitos.

La vida es corta, vívela como si cada día fuese el último. Disfruta cada momento de cada día, así entenderás que no hay momentos para perder en pensamientos negativos.

Simula que todo está bien cuando tu mente se encuentre luchando con pensamientos negativos. Eres el ejemplo a seguir de tu equipo.

La vida es muy corta, vive cada momento explotando al máximo tus habilidades.

Consejos para mantener una mentalidad positiva.

Demuestra una actitud más optimista y emocional hacia ti mismo y hacia tu equipo.

Permite siempre a tu mente la reflexión sobre los pensamientos positivos y no los negativos. Reflexionar sobre los pensamientos negativos es un malgasto de tiempo y energía.

Observa siempre el aspecto positivo de cada decepción, problema y obstáculo.

Cuando los pensamientos negativos se quieran apoderar de tu mente, dedícate a cualquier otra actividad que te ayude a desviar tu atención de ellos y de tu tren de pensamiento negativo. Para mí suelen ser los juegos, la música o la cocina.

Lo que escuchas más a menudo usualmente tiene un impacto sobre tu tren de pensamiento. Como un líder que tiene que escuchar, no dejes que las cosas te afecten, identifica los inconvenientes.

Un líder debe tener un mentor, amigo/a o esposo/a con quien contar, y que le entusiasme cuando sienta depresión por escuchar a su equipo, a quienes no puede evitar. Y cuando no estén disponibles, mantener las emociones desconectadas.

Di cosas positivas acera de ti mismo y acera de los demás, en general.

Los elogios levantan el espíritu de otros y crean pensamientos positivos. Asegúrate de siempre dar elogios no sólo a tu equipo sino a todo el mundo.

Cree en ti mismo y en tus habilidades para

Lee acerca de otros líderes exitosos y cómo superaron el pensamiento negativo, esto te ayudará a saber cómo pensar de manera más positiva.

Mantente siempre ocupado.

Mantén un trofeo de todas aquellas metas que hayas logrado. Esto te ayudará a recordarte que tienes gente que te admira a ti y a tu éxito.

Al menos una vez al día, permite que tu tren de pensamiento observe lo mejor en cualquier situación.

Ten cuidado con la clase de imágenes mentales que permites en tu mente.

Analiza constantemente tu tren de pensamiento.

Todas éstas ideas te ayudarán a mantener un tren de pensamiento positivo. Recuerda que es más sencillo mantener una mentalidad positiva cuando las cosas van bien, pero es mucho más duro hacerlo en medio de problemas o dificultades. Durante estos duros momentos, como líder, deberías recordar que hay personas que siguen tu ejemplo y que también realizan un duro esfuerzo para pensar de manera positiva.

QUÉ HACER PARA EVITAR PENSAMIENTOS NEGATIVOS

1. Evitar sumirte en la negatividad. Ve siempre el lado positivo en cada situación. Como líder, incluso en el peor momento en la vida, tu equipo siempre te admirará porque eres la expresión de la esperanza. Si los pensamientos negativos invaden tu mente, todo lo que verán es la expresión de la derrota.

2. Una sonrisa es una excelente terapia para los pensamientos negativos. Sé

optimista para poder expresar que tu esfuerzo optimista siempre pone una sonrisa en tu rostro.

3. La práctica constante del pensamiento positivo siempre demuestra su valor una vez que enfrentamos situaciones adversas. Los optimistas tienden a ver los eventos que se desarrollan más allá de ellos mismos como incidentes aislados que están fuera de su control, mientras los pesimistas ven las mismas cosas como cuestiones comunes y suelen además culparse a sí mismos. Tomarse un minuto para examinar el hecho y garantizar que te estás dando el crédito debido por las buenas cosas que has hechos, sin culparte por cosas más allá de tu control, puedes comenzar a canalizar tu manera de pensar hacia un pensamiento más optimista y alejarlo de la negatividad. Ten siempre en

cuenta que necesitas incentivarte a pensar de manera positiva. Invertir energía en cosas que disfrutas y rodearte de gente optimista son dos maneras en las cuales puedes fomentar el pensamiento positivo en tu vida. Como todo en la vida, el pensamiento optimista requiere práctica, y la práctica hace al maestro.

CÓMO INFLUENCIAR A OTROS
El liderazgo y la influencia tienen una relación simbiótica, puesto que a pesar de que están unidos, son dos entidades separadas que necesitan la una de la otra para poder prosperar. Para influenciar a las personas como líder, necesitas tener un carácter persuasivo. Un factor esencial del liderazgo es la capacidad de influenciar. Ser un líder significa que tienes que tener habilidades para influenciar a otros. Una

persona ha sido exitosamente influenciada cuando sus pensamientos, opiniones o comportamientos han sido afectados por alguien más. La influencia está presente en todos los ámbitos de la vida, pero es parte crucial del arsenal de habilidades que debe tener un líder para lograr el éxito. La habilidad de influenciar es transcendental para cualquier líder. Para que lo pueda lograr con éxito, un líder tiene que tener visión y convicción sobre sus metas antes de poder influenciar a otros a observarlas como él lo hace. Un líder influencia a los demás en la medida de lo vibrante que pueda llegar a ser acerca de su visión. Un líder debe ser muy persuasivo y tener suficiente confianza en sí mismo para poder influenciar a otros de manera efectiva.

La motivación determina el cómo se

influirá en otros, si por recompensa o por deseo de evitar el castigo. Para que un líder determine el método más poderoso de influencia, debe entender primero a quienes quiere influenciar. Un factor clave para influenciar a la gente es la comunicación. Los líderes influencian a la gente brindándoles una visión convincente del futuro, así como también inspirándoles a seguir sus pasos.

La influencia guía a la gente en la dirección en la que se les enfoque para motivarles a volver realidad la visión del líder. Fortalecen y orientan a las personas de manera que cumplan sus visiones, tengan un sentido de propósito y les brinde un profundo sentido de realización cuando el trabajo está hecho. Los líderes dirigen modelando las maneras de pensar o actuar, alentando a otros a encontrar nuevos enfoques con los que abordar una situación, y haciéndolo brindan a otros las palabras y el aliento para que conviertan esos nuevos métodos en propios. Los líderes que tienen éxito hoy son maestros, mentores y modelos a seguir quienes logran la mayoría de su éxito influenciando a otros.

Para que un líder influencie a otros de manera exitosa, tiene que prestar minuciosa atención a los pequeños detalles involucrados en la influencia de los demás. Como por ejemplo son el mostrarles interés, recordar sus nombres sin importar lo irrelevante que ellos puedan considerar que sea este hecho, siempre escucharles, hacerles sentir importantes y queridos. Sonreírles en todo momento puede hacerlos sentir seguros de que les aprecia y les reconoce y, por tanto, influenciándoles a que reconozcan su visión. Esto me recuerda mi primer día en una asociación a la cual estaba adscrita cuando estaba en la escuela. El presidente personalmente me invitó a almorzar, lo cual era algo nuevo para mí. Esta actitud tan singular me emocionó tanto que nunca dejé la asociación, incluso cuando me mudé del sitio que tenían como sede.

Maneras efectivas en las que los líderes pueden influenciar a otros.
Lo primero es siendo visible para todos. Un líder tiene que ponerse al nivel de aquellos a quienes quiere influenciar y estar tan cerca de ellos como sea posible. Estando en la zona de confort que brinda la comodidad de un despacho y dando órdenes desde allí, no es como se logra

demostrar visibilidad. El líder debería verles más como amistades que como seguidores. "Los líderes excepcionales son vistos, no son sólo escuchados".

Las conductas y la etiqueta de un líder dicen mucho de ellos. Esto es una manera efectiva y sencilla de influenciar a la gente. El buen comportamiento de un líder dice absolutamente más que mil palabras. Las personas son más influenciadas de este modo puesto que es imposible fingirlo, el líder siempre demuestra su verdadero comportamiento de manera inconsciente.

Un líder puede influenciar a otros teniendo un buen contacto visual con los demás. Esto siempre demuestra su nivel de seguridad, de interés y la importancia que toman a la palabra de otros y lo que le dicen.

Un líder puede ganarse a los demás

tomando el control del espacio que les rodea cuando se dirigen a la gente. Esto hace que sea lo que sea que el líder esté diciendo suene más interactivo que autoritario.

Ser un líder expresivo ayuda a influenciar a las personas. Un líder a quién le sea difícil incluso escucharse a sí mismo, encontrará aún más difícil influenciar a los demás. Su voz debe ser placentera para los oídos de aquellos a quienes deseas influenciar para que comulguen con tu visión. Comunicarse apropiadamente en un buen tono te ayudará a conectar con la gente para que entiendan tu visión.

El contacto a un nivel apropiado como el de un apretón de manos, o gestos simples como el saludar con nuestras manos comunica a los demás que nos son importantes, y del mismo modo influencian su opinión de nosotros y nuestra visión.

Un líder nunca debe dudar acerca de sonreír, porque a nadie le gusta un líder que se ve amargado. La risa desarma a la gente. Reír es un requisito básico para influenciar a las personas. UN líder debe siempre actuar y establecer comunicación lo más rápido posible para influenciar a otros. Aquellos que se tardan para tomar acción, quienes son lentos, quienes toman su tiempo para tomar decisiones duras o quienes procrastinan dan una idea negativa a los demás, lo cual evita que los puedan influenciar.

Por sobre todas las cosas un líder debe ser capaz de comunicarse de manera tanto verbal como no verbal para influenciar a los demás.

El uso efectivo de la comunicación como

herramienta para lograr la persuasión y de ese modo influenciar a las personas a que vean por qué deberían seguirte y a tu visión. Un líder que utiliza todas éstas herramientas de manera efectiva tiene más oportunidades de tener éxito como líder. Influenciar a otros es la manera más económica que tiene un líder para ganarse a las personas; con un poco de esfuerzo de parte del líder para hacer lo necesario, que es persuadir. El liderazgo no puede existir sin la influencia, ésta es sinónimo de liderazgo, mientras que comunicación y persuasión, me gustaría decir que son sinónimo de la sangre que le mueve y venas por donde dicha sangre corre. No en vano el Dr. John C. Maxwell dijo; y cito: "El liderazgo es influencia". No hay mejor manera de decirlo.

CÓMO APORTAR VALOR A LA VIDA DE OTROS

Aportar valor a los demás es una de las maneras de conseguir el éxito, no sólo para el líder, sino para todo el mundo. Aportar valor a los demás es también otra de las cosas que todos los líderes exitosos tienen en común. El proceso de aportación de valor a la vida de los demás, también te hace más valioso para ellos. Agregar valor a la vida de los demás es una manera de hacer que crean en ti. La gente respeta a aquellos a que les aportan valor. Este mismo libro, en sí mismo es una manera de aportar valor a la vida de otros. Muchos lo leerán y estarán mejor preparados para el liderazgo, aportando significado a sus vidas. Para mí, por otra parte, quizás obtenga una respuesta que me inspire a escribir más libros que beneficiarán a otros. Para que un líder aporte valor a otros, primero debe tener él o ella misma, un valor añadido. Puede ser a través de la lectura de cómo convertirse en un mejor líder o desarrollando un atributo en particular del liderazgo. Como líder, se debe ser capaz de conectar, mejorar y enriquecer las vidas de otros para tener éxito. Los líderes que aportan valor a otros, construyen mejores relaciones con quienes les rodean aprendiendo qué es lo que otros valoran para poder dirigirles exitosamente.

El valor es todo aquello que te brinde una oportunidad de hacer las cosas de una mejor manera o de alcanzar lo que te propongas. El trabajo de hoy es meramente para crear valor y brindárselo a otros. Los líderes que aportan valor tienen que entregar primero la confianza a su gente para que ellos le respondan de manera recíproca. Tienen que servir en vez de esperar que les sirvan. Aportamos valor a otros cuando nos volvemos más valiosos para los demás. Apoyar a otros les añade valor. Trata de sacar los mejor de la gente alentándolos a ser su mejor versión posible. Esto les inspirará a tomar sus propios riesgos y aportarellos mismos su propio valor al mundo. Desarrollar tus propios valores es fundamental para lograr cualquier otra cosa. Para que un líder le aporte valor a los demás su prioridad debe ser atender lo que los demás necesitan, no lo que quieren.

La necesidad de sentirse importante y ayudar a otras personas a cumplir con esas necesidades. El primer paso para ser exitoso o para agregar valor a la vida de otros de manera exitosa comienza con que preguntarse qué sería de mayor valor para otros. Para saber realmente si estás aportando valor a los demás, debes saber primero que sea lo que sea que estés haciendo sea un aporte de valor a los demás, que estás haciendo lo mejor posible para ayudar a otro en una situación determinada y siempre con un sentido de amor. Aportar valor puede hacerse en forma de una conexión emocional. Enamorarse de alguien es una manera de aportarle valor a la vida de otra persona. Ellos conocerán lo que se siente amar y ser amado.

Este proceso cambia completamente la perspectiva individual de una persona. El bienestar del otro comienza a importarte y no sólo contribuye a tu éxito sino al de los demás, lo que le da a tu existencia un significado más profundo. Aportar valor a la vida de otra persona comienza con un individuo y no con multitudes. Comienza aportando a aquél que se sienta a tu lado, sea un amigo, un conocido, tu esposa, tus hermanos, etc. Como dice el dicho: De pequeñas gotas se compone el poderoso océano. Si todo el mundo aporta valor a aquellos a que le rodean, entonces quedará poco trabajo para que hagan los líderes. De igual modo, dejar que quienes nos rodean nos aporten valor no sólo les es útil, sino que también nos ayuda a nosotros. También vale la pena destacar que el aportar a los demás no debe ser visto como un trueque, sino como una manera significativa de ayudar al mundo y no a uno mismo. Nunca sabes cómo o cuando obtendrás beneficio de ello, pero ciertamente lo conseguirás. No importa como aportemos, lo que importa es que debe ser de una manera genuina, útil y positiva.

MANERAS DE APORTAR VALOR A LOS DEMÁS

Las maneras de aportar valor a los demás comienzan contigo.

Conoce primero tus habilidades, conoce de qué eres capaz. Son éstas habilidades las que te permitirán aportarle valor a otras personas.

Comienza haciendo lo que amas y disfrutas hacer. Hacer las cosas que amas no sólo te hace hacerlas mejor, sino que también las convierte en herramientas para aportar valor de una manera más natural.

Tu trabajo debe ser un medio de aportar valor a otros. Debe ser un foco y un camino para aportar valor a la vida de los demás.

El sólo hecho de estar allí para alguien más en un momento de necesidad es una manera de aportar valor a su vida. Les hace sentir amados y el sentirse amado es valioso de por sí.

Haz algo que sea útil para otros en vez de hacerlo por ti.

En momentos de necesidad, podrías aportar valor a alguien más simplemente inspirándolos a tomar las acciones necesarias.

Sé de ayuda para otros en la manera que puedas, no importa lo minúsculo que sea. Puede ser tan simple como ayudar a alguien con sus bolsas desde el mercado hasta su casa. Ayudar es ayudar.

Puedes aportarle a los demás mostrándoles cómo es que algo se hace o incluso una manera mejor o más rápida de hacerlo. Esto puede ser tan simple como colocarle un tutorial en YouTube a otra persona, algo tan simple como esto puede incluso aportar valor.

Puedes aportarlo también al brindarle a alguien una nueva perspectiva, o dándoles una idea de cómo convertirse en mejores personas.

Un líder que haga lo que debe hacerse en la manera que debe ser hecho es una excelente manera de aportar valor para quienes le rodean. Su vida misma se convierte en un medio mediante el cual aporta valor.

Si tienes una decisión de dos o más caminos, siempre elige aquél que te permita aportar la mayor cantidad de valor. Esto te permitirá estar alineado con tu verdadero propósito de vida y en última instancia te brindará más felicidad y satisfacción. El fracaso debería ser un incentivo para seguir adelante, fracasar sólo te hará ser una mejor persona. El liderazgo se trata de qué tanto valor hemos sido capaces de aportar a los demás y el efecto que ha tenido sobre ellos.

Aportar valor a la vida de otros los hace pensar de una manera diferente. Una vez que puedas influenciar a alguien de manera exitosa para que tenga una mejor opinión acerca de algo, haz aportado valor a su vida. Una persona que influencia a otra siempre aportará valor a la vida de los demás. Ayudar a la gente a conseguir sus metas es una de las más grandiosas maneras de aportar valor a la vida de alguien.

RESULTADOS DE APORTAR VALOR A LOS DEMÁS

Aportar valor trae alegría.

Aportar valor nos devuelve nuestra humanidad.

Aportar valor añade color a la vida.

Aportar valor te prepara mejor para ser un líder.

Aportar valor le da significado a tu vida.

Aportar valor te hace influenciar a los demás de una mejor manera.

Aportar valor te convierte en exitoso.

Aportar valor atrae a la gente que quiere seguirte.

Aportar valor a otros también le da propósito a nuestra vida. Saber las maneras de hacerlo, sobre todo por quienes amas y están más cerca de ti, le aportará más valor a tu vida. Lo que necesita hacerse para optimizar la aportación de valor a la vida de otros es continuamente hacer que cada día cuente, aportando lo más que podamos a los demás. Albert Einstein una vez dijo, *'Una vida vivida para otros es una vida que vale la pena vivir'.* Vivir para otros es una manera de aportar valor a los demás, hacerlo te hace una mejor persona y cualquier forma de hacerlo cuenta. La recompensa por aportar a los demás es mucho más grande que el esfuerzo necesario para hacerlo. Esto hace que aportar a los demás sea un escenario ganar-ganar, puesto que lo que haces por alguien más termina también beneficiándote. La vida a su modo, es extraña. Me gustaría finalizar con una cita de BrendonBurchard, él dijo que *'parte de aportar valor es ayudar a los demás a reconectarse emocionalmente con su vida.*

En cualquier situación, traer a colación la humanidad, la emoción, el color, la luz, la alegría, la vitalidad, los matices más reales de la emoción humana, y eso te llevará a alcanzar un aporte de tal magnitud que muchos otros no podrán jamás replicar".

LIDERAZGO Y GESTIÓN DEL TIEMPO

Para liderar se deben desarrollar excelentes habilidades de manejo del tiempo que a fin de cuentas son las que traen más beneficios al líder. La frase que dice que 'el tiempo no espera por nadie' es un hecho constante de la vida, el tiempo no respeta a las personas. Indiferentemente de quién seas, dónde hayas estado o en qué te hayas convertido, no espera. El tiempo perdido es vida perdida y una vez que pierdes el tiempo no lo recuperas. No importa lo que te haya pasado o qué te importante podría ser un tiempo adicional, no se detiene. La gestión del tiempo es un elemento sólo visible para un líder con perspectiva. Sin ella no existe una causa justa para gestionarlo de manera efectiva. Para que pueda conseguir esto último, un líder debe abordar primero las concepciones antes que las pequeñas ideas. Los líderes usualmente creen que nunca tienen suficiente tiempo en sus manos, lo cual es completamente errado en todos los niveles. El uso de la tecnología ha hecho que el uso del tiempo sea una herramienta más poderosa de lo que imaginamos. Nadie nace con habilidades para gestionar el tiempo de manera efectiva, es algo que aprendemos a lo largo de nuestra vida. Es por esto también que nadie puede lograrlo completamente.

La mejor manera de ser más productivo es darse cuenta de cómo utilizamos nuestro tiempo, del mismo modo se puede hacer resolviendo nuestros problemas de gestión efectiva del tiempo y dedicando más del mismo a la consecución de nuestras metas.

Cuando aprendes a utilizar el tiempo de una manera más efectiva, tu vida comienza a funcionar con menos inconvenientes y sin errores. Es errado pensar que podemos ahorrarnos tiempo cuando éste no puede ser creado, corre a un mismo ritmo todos los días. Nadie puede verdaderamente manejar el tiempo, lo que sí podemos hacer es manejarnos a nosotros mismos y qué es lo que hacemos con la cantidad de tiempo que tenemos. Un líder que se concentra más en el resultado necesario que en lo que debe hacerse suele darse cuenta de que obtiene mejores resultados que si lo hace a la inversa. El camino que tomamos es mucho más importante que la velocidad a la que vayamos al intentar materializar nuestras concepciones en algunos aspectos del liderazgo. Una de las habilidades más significativas en el área de gestión del tiempo es la de fijarse una meta y seguir un orden de prioridades. Este orden es una evaluación de qué tan importante es una meta por encima de otra.

Para fijar prioridades acerca de lo que haces, deberías realizar un listado de qué tan importantes son algunas cosas por encima de otras. Una vez que hayas realizado ésta lista y hayas establecido un orden de importancia y necesidad, la gestión efectiva del tiempo se vuelve más sencilla. Nuestro móvil hoy en día es lo más cercano que tenemos en todo momento haciéndolo una agenda apropiada. La tarea de gestionar mejor nuestro tiempo se vuelve cada vez algo más imperativo a medida que tenemos más tareas en nuestra vida y en nuestros roles de líder.

Los siguientes son ejemplos de lo que un líder puede hacer para gestionar su tiempo de manera efectiva:

Aprender a manejar los procesos de toma de decisiones, no las decisiones en sí mismas.

Enfocarse en hacer una cosa a la vez.

Desarrollar una mentalidad para tener éxito con tu tiempo.

Tener clara tu perspectiva sobre lo que quieres lograr en todo momento.

Planificar metas diarias, de corto y de largo plazo.

Identificar y conectar tus prioridades.

Desechar lo superfluo e innecesario.

Establecer límites personales para cada meta y apegarse a ellos.

No hacer perder el tiempo de otros como método para no perder el tuyo también.

Mantener calendarios precisos y seguirlos al pie de la letra.

Saber en qué momento detener una tarea, política o procedimiento.

Delegando, todo es posible.

Hacer tiempo para reflexionar.

Usar listas de tareas y listas de control.

Reajustar las prioridades como resultado de nuevas tareas.

Reglas para ayudarte a gestionar el tiempo de manera efectiva.

Empieza: Lo que vale la pena hacer, vale la pena hacerlo bien. Si sientes la necesidad de gestionar tu tiempo de una manera más efectiva, creo que debes comenzar tu día con un ritual por las mañanas, el cual debe ser levantarte temprano. Una vez que haces algo, comiénzalo inmediatamente, la procrastinación es la ladrona de tiempo.

Que una rutina te guíe: Apegarte a tu rutina puede verse como una rémora para la creatividad, pero seguir un en particular hace que te acostumbres a ella después de un tiempo, haciendo que sea más sencillo y eficiente seguirla más adelante. Cuando estás acostumbrado a hacer algo se vuelve más eficiente a medida que lo sigues haciendo.

No tomes tantos riesgos al mismo tiempo: Tomarlos no te ayudará a manejar tu tiempo de manera efectiva, sino que te verás atrapado en tratar de complacer a los demás.

Termina una tarea a la vez: Comenzar algo es sencillo, pero terminarlo es donde está lo difícil. Dejar una pequeña tarea incompleta sólo hará que pierdas más tiempo cuando intentes finalizarla después. Comienza algo y termínalo de una vez por todas.

No te comprometas con tareas triviales, no importa que tan alejadas en el futuro estén: Comprometerte de antemano a una tarea no es una manera efectiva de gestionar tu tiempo, hacer una tarea a la vez de manera diaria te hará más eficiente. No importa que tan alejada en el futuro esté, de igual modo te tomará la misma cantidad de tiempo.

Divide las tareas grandes: Los grandes proyectos deben fragmentarse en metas pequeñas, formarlas las hace más gestionables y la tarea titánica eventualmente será completada. Utilizando un enfoque fragmentario serás capaz de organizar mejor tu ajetreado calendario.

Destina tiempo para ti por cada actividad que realices: Destinar tiempo para cada actividad nos ayudará a monitorear cada tarea en la que nos embarquemos. Esto requerirá de estimaciones, pero tus estimados mejorarán con la práctica. Al final, esto te permitirá, como también a otros, programar de una mejor manera las actividades.

Planifica tus actividades: Planificar es una manera efectiva de manejar tu tiempo eficientemente, dándote una estimación de cómo será tu día de trabajo.

No procrastines: Lo que sea que necesites hacer, debes hacerlo inmediatamente. Dejarlo para después sólo desperdiciará más tu tiempo.

Tu lista de cosas por hacer debe ser lo más corta posible: Cualquier actividad o conversación que sea importante para tu éxito debe tener un momento asignado. Planifica pasar al menos el 50% de tu tiempo sumergido en tus pensamientos, actividades y conversaciones que te produzcan la mayoría de resultados. Planifica las interrupciones, para que cuando se sucedan, no consuman parte vital de tu planificación y te hagan perder el tiempo.

Recuerda que es imposible hacerlo todo, así que no te abatas cuando esto suceda. La práctica hace al maestro.

!!!BONIFICACIÓN!!!

CURSO DE RITUAL MATUTINO DE 7 DÍAS

El ritual matutino es un simple conjunto de actividades que haces al principio de cada mañana, todos los días con la finalidad de convertirte en una mejor persona. El ritual matutinose vuelve un hábito después de que se le practica por un largo período de tiempo. Puede ser utilizado para formar hábitos positivos que se convertirán en parte de ti, transformándote en una mejor persona y en un líder exitoso. La manera más efectiva de cambiar un hábito o patrón es a través de un proceso de ritual matutino. La práctica constante, hace al maestro. Cada líder exitoso tiene un ritual matutino que mantiene todos los días antes de iniciar su rutina diaria. Estos parecen es la herramienta más exitosa para permitirnos realizar cambios a nosotros mismos, y que todos podemos utilizar para dar forma a nuestras vidas. ¿Por qué el ritual debe hacerse en las mañanas? Podría dar mil y una razones acerca del porqué, pero la más importante es que la fisiología humana está más activa y responsiva durante las mañanas. El propósito de este ritual es cargarte antes de que comience tu día. Sé que lo primero que haces al despertarte por la mañana es un gran signo no sólo de la calidad de día que tendrás, sino por extensión, de la calidad de toda tu vida. Obligarte a tener rituales matutinos positivos todos los días puede de manera inequívoca transformar tu vida en todas las maneras posibles.

Marco Aurelio una vez dijo: *'Cuando te levantas por la mañana, piensa en el precioso privilegio que tienes de estar vivo – de respirar, disfrutar y amar'*.

LOS RITUALES SON LOS SIGUIENTES

Levántate temprano

Recuerdo una melodía que solía cantar cuando era niña. Decía "temprano a la cama, temprano al levantarse, hace que un hombre esté saludable– saludable y fuerte". Esto apunta al hecho de que despertarse temprano es un factor que depende de haberse ido temprano a la cama. El sueño es un proceso corporal sumamente importante que nos ayuda a funcionar de manera apropiada. La naturaleza tiene que seguir su curso correspondiente, y ese es que te vayas a la cama temprano para que te levantes temprano. Después de un tiempo de no hacerlo, la totalidad de tus sistemas corporales comenzarán a querer fallar. Levantarse temprano es sinónimo de que tu día transcurra en una sola dirección, lo que tiene todo ventajas y ninguna desventaja. Levantarte temprano te da más tiempo para liberar tu mente, también te otorga más tiempo para que hagas las actividades adicionales que amas hacer. Levantarte temprano te da suficiente tiempo para llevar a cabo tus rituales matutinos que hacen del despertar la primera y más importante tarea de todo tu ritual. La fisiología humana está programada para funcionar de mejor manera en las horas temprana del día, aunque existan personas que sea hayan convertido en seres nocturnos por una causa o por otra. Despertar temprano, mantenerte alerta a lo largo del día y utilizando cada minuto del día al máximo, sacar provecho a las mañanas hace que tengas la mejor vida posible.

Ejercítate

Dicen que quien tiene salud, ya es rico. El ejercicio es la manera de mantener la forma física y la salud. Mejor salud y más fuerza te hacen tener más confianza en ti mismo. El ejercicio funciona reduciendo el nivel de cortisol en el cuerpo, que es el mayor contribuyente a la mayoría de enfermedades. El ejercicio incrementa nuestra salud y vitalidad. El ejercicio regular hace que nuestro cuerpo funcione apropiadamente. Cuando comenzamos nuestro día ejercitándonos, estamos prolongando nuestra longevidad y eso nos brinda más tiempo para ser exitoso en lo que sea que estemos haciendo. Nos trae también a la realidad de que el día ha comenzado, y nos hace deshacernos de toxinas a través del sudor; además hace que nuestras articulaciones, ligamentos y músculos se relajen, preparándonos para los eventos de nuestro día a día. La mañana es el mejor momento para ejercitarse porque nos ofrece la posibilidad de tener menos interrupciones, además del hecho de que nuestra mente está más enfocada a ésta hora del día. El ejercicio es una gran forma de mantener tu cuerpo en condiciones y funcionando a lo largo del día.

Planifica tu día

Cuando fallas para planificar, planificas para fallar. Esto muestra lo importante que es la planificación para lograr el éxito en la vida. La mejor manera de comenzar el día es identificando todo lo que necesita hacerse en esa jornada. Para que tu plan funcione de manera efectiva, debes dejar las cosas más importantes planificadas por escrito, hacerlo te permite establecer prioridades y gestionar tu tiempo de manera efectiva. Cuando escribes tu planificación, le das un soporte estructural a todos tus quehaceres; escribir tus metas te ayudará a expresarlas y hacerlas más reales. Del mismo modo, éstas metas se graban en tu mente subconsciente, fortaleciéndose y grabándose a su vez a tu corazón hasta que se ven materializadas.

Mantén un diario

Esto tiene múltiples ventajas. Te ayuda a conocer y enorgullecerte de tu trabajo duro, aumenta tu confianza, autoestima y te hace feliz, te da una razón para mantener el ánimo en tu camino al éxito. Tu diario puede servirte para mantener el rastro de todas tus ideas una vez que lleguen a tu mente, cosa que suele suceder en las mañanas. Tu diario puede funcionar incluso como tu compañero durante el transcurso de la meditación.

Medita para aclarar tu mente

La meditación es una necesidad para ayudar a aclarar nuestro tren de pensamiento. Hacerlo temprano en la mañana lo vuelve más productivo. La meditación te coloca en la mentalidad correcta, enfocado en lo que necesitas hacer para tener éxito. La meditación por sí sola es genial y tiene un indudable poder de sanación que brota de ti mismo, haciendo que veas las cosas desde una perspectiva diferente. Nos permite entrar en un mundo diferente, para poder entrar nuevamente a nuestro mundo y desentrañar la realidad de nuestras vidas y sentir toda nuestra energía interior. Ésta energía le da a nuestro plan rutinario una nueva percepción, así como a nuestras metas de vida en general, haciéndonos tener éxito. La música puede ayudar a aclarar tu mente y hacerte capaz de meditar, además la música en sí misma cura nuestro cuerpo, nuestra alma y nuestro espíritu... Haciéndonos sentir más llenos.

Aprecia a tus seres queridos

El amor es la cúspide de todos los sentimientos y las emociones. Apreciar a quienes te rodean y te aman los hace a ellos y a ti seguir adelante, le da sentido a la vida y te hace valorar todos los aspectos de la vida. El amor hace que valga la pena vivir. Ser exitoso sólo puede ser apreciado en plenitud si se tiene alguien con quien compartir el éxito. Aprecia al amor y a quienes amas, aprecia la vida.

Nunca te saltes el desayuno

El desayuno parece la comida menos importante del día, pero no es así, resulta que es la más importante. Es el combustible que te lleva a través del día, es la comida que te provee con todo lo necesario para vivir por mucho tiempo y con buena salud. El desayuno puede parecer innecesario, pero eso debe corregirse, puesto que es tan importante como el sueño mismo. El desayuno sirve para prevenirte de tener dolores por hambre, cuando se está absorto en otras cosas durante la mañana, tendemos a perdernos en la actividad que estemos haciendo y por tanto nos olvidamos de que necesitamos comer cuando es debido. Cuando desayunamos tenemos presentes en nuestro cuerpo los nutrientes necesarios para enfrentar todo aquello que necesitemos hacer hasta que el trabajo nos permita un momento de descanso.

En conclusión, las mañanas son la representación de los nuevos inicios, de volver a empezar, lo que los hace significativos. Es por esto que los rituales matutinos son tan significativos, porque son un reflejo de cómo será nuestro día. Sacar el máximo provecho de las mañanas nos ayuda a sentar las bases de nuestro éxito en la vida, como líder y como individuo. Como comienzas el día es como comienzas tu vida. ¡Empieza de la mejor manera!

CONCLUSION

El tener éxito como líder está en ti. Inspira y motiva a los demás. Úsate como la mejor herramienta que tienes para influenciar a otros. El liderazgo puede ser adquirido, esforzarte para hacerlo es lo que te hace llegar al éxito. Para tener éxito un líder debe crear un ambiente confiable, cooperativo, abierto y amigable, con esto el líder obtendrá la respuesta necesaria para permitir el éxito. Un líder exitoso ayuda a la gente a observar cómo sus ideas pueden aportar a la visión preconcebida por el líder y qué tan importantes son dichas ideas para el éxito final del proyecto. Un líder que ha encontrado la manera de convertirse en un gran individuo siempre conseguirá el éxito en cualquier rincón en el que se encuentren.

Éstas citas lo dicen todo:

www.ingramcontent.com/pod-product-compliance
Lightning Source LLC
Chambersburg PA
CBHW071854070526
44583CB00016B/1686